TON COMBAT ET TA STRATEGIE
Version Française : Imprimée Septembre 2005

DR. D.K. OLUKOYA

© 2005 : Le cri de Bataille, Ministères
Chrétiens

Imprimé au Nigeria

Toutes les citations Bibliques proviennent de la Bible Louis-Segond, Edition Revue.

Image de la couverture par : Soeur Sade Olukoya

Septembre, 2005

AUTRES LIVRES FRANÇAIS ECRITS PAR DR. D.K. OLUKOYA

- *Pluie de Prières*
- *Frappez L'adversaire et il fuira*
- *En finir avec les forces malefiques de la maison de ton père*
- *Esprit de vagabonc'nge*
- *Que l'envoutement périsse*
- *Comment se delivrer soi-même*
- *Comment recevoir la delivrance de la femme ou mari de nuit.*
- *Cantiques de MFM*
- *La Delivrance de la tete*
- *La deviation sataniques de la race noire*
- *Pouvoir Contre les Terroristes Spirituels*
- *Prières de Percées pour les hommes d'affaires*
- *Prier Jusqu'à Remporter la Victoire*
- *Prières Violentes pour humilier les problèmes opiniâtres*
- *Prières pour detruire les maladies et l'infirmite*
- *Prières pour demanteler la sorcelleries*
- *Pouvoir contre les terroristes spirituel*
- *Le Combat Spirituel et le Foyer*
- *Bilan Spirituel Personnel*
- *Victoire sur les Rêves Sataniques*
- *Se Libérer des alliances maléfiques*
- *Revoquer les décrets maléfiques*
- *La delivrance: le flacon de medicament de Dieu*

- *Quand les choses deviennent difficiles*
- *Prieres de Combat contre 70 esprits Déchainés*
- *Les mauvais cris de l'idole de votre famille*
- *Votre Fondement et votre problemes*
· *Prières pour vous permettre d'accomplir votre destin divin. (Le programme de prières et de jeûnes pour soixante-dix jours pour l'année 2001).*

Ces livres et les autres publications peuvent être obtenus à :

Mountain of Fire and Miracles Ministries
13 Olasimbo St. Onike, Yaba, Lagos
P.O. Box 2990, Sabo, Yaba-Lagos
Tel: 00234-8023436873
E-mail:rosecentral@yahoo.com
Ou Dans les grandes librairies chrétiennes.

Dieu est le plus grand strategiste en bataille. La Bible est pleine de combats de L'Eternel et les diverses stratégies sont utilisées. Tu as besoin des stratégies pour gagner dans la bataille de la vie. Si L'Omnipotent applique les stratégies dans un combat contre ses ennemis, toi alors, tu ne peux pas faire autrement.

A part la puissance, la sagesse est une chose principale, nécessaire pour gagner une bataille. Par la sagesse divine, les stratégies sont révélées à l'armée de l'Eternel contre leurs ennemis.

La puissance est mieux utilisée contre les ennemis à travers les moyens des stratégies.

LES EFFETS PERTINENTS AU SUJET DES COMBATS ET DES STRATEGIES

Tous les combats ne se font pas de la même façon. La façon ou la méthode par laquelle la bataille est engagée, s'appelle stratégie. Les guerriers de pleins de succès dans la Bible et dans l'histoire contemporaine employèrent des différentes stratégies pour gagner leurs combats. Paul a dit : « Qu'il ne combattait pas comme quelqu'un qui battait l'air. » David a dit que: « Dieu a exercé ses doigts à la bataille ».

Ta bataille déterminera tes stratégies. Les stratégies pour combattre et pour gagner les combats spirituels sont révélées dans les sujets de prière qui sont enseignés par l'Esprit du Seigneur.

Les sujets de prière sont les stratégies, parce que toutes les prières ne sont pas faites de la même façon. Si tu échoues dans tes stratégies, tu échoueras aussi dans ta bataille même.

Tu peux déterminer l'issue d'une bataille en regardant les stratégies employées. Sache-le dans ton esprit que tout homme, toute femme a une bataille à faire car, le monde lui-même est un terrain de combat. Tu ne peux pas t'excuser toi-même des combats de la vie aussi longtemps que tu es dans ce monde.

Un autre fait à savoir à propos des batailles de la vie, est que tu combattes que ou tu périsses.

Un autre point à souligner est qu'on ne peut pas être neutre dans les batailles de la vie.

Sache de même que les batailles de la vie n'ont pas de respect pour les gens. Tu n'as pas besoin de les inviter dans ta vie, elles viennent naturellement.
Les batailles de la vie n'ont pas de respect d'âge. Vieux ou jeune, les batailles de la vie sont une réalité à laquelle tout le monde doit faire face.

La dernière chose que tu dois connaître dans ce parcours est que les batailles de la vie seront combattues par tout le monde concerné. Tu combattras tes batailles toi-même. Les guerriers (combattants) de prière, les ministres, les hommes de Dieu peuvent t'aider. En fin de compte, tu dois combattre tes batailles toi-même. Tout homme et toute femme combattras sa bataille.

Tu dois faire attention à celui que tu impliques dans tes batailles. Il y a les problèmes qui arrivent quand tu confies tes batailles aux loups. Ils rendront pire ta situation et engraveront tes problèmes. Raison pour laquelle à M.F.M., nous enseignons aux gens de le faire eux-mêmes.

Il y aura un problème lorsque les membres d'une église ne peuvent rien faire d'eux-mêmes si le Pasteur n'intervenait pas quand les gens donnent tant d'allégeance aux apôtres et aux prophètes et qu'ils soient incapables de combattre leurs propres batailles eux-mêmes, ainsi il y aura un problème.

Les divers livres de prière que nous avons publiés servent à aider les individus de le faire eux-mêmes, de combattre leurs propres batailles.

Tout le monde peut avoir une copie du livre: *"pluie de prières"* et autres matériels sur les prières et s'approprier indépendamment les méthodes et les sujets de prière qui s'y trouvent. On n'aura plus besoin de la supervision d'un pasteur dans ce cas.

Dans notre église, nous l'appelons "Opération Fais-ça-toi-même"

Si jamais tu confiais tes batailles à tes pasteurs, le jour où ils mourront, tu serais en trouble.

Tu dois apprendre comment faire certaines choses toi-même.

Jérémie 51 : 20 est l'un des plus forts versets dans les Ecritures qui peut effrayer une personne en joie.

Jérémie 51 : 20 : *"Tu as été pour moi un marteau, un instrument de guerre. J'ai brisé par toi des nations, par toi j'ai détruit des royaumes".*

Dieu te décrit comme son marteau et son armure pour sa guerre. Tu es supposé être extrêmement dangereux à l'égard des forces des ténèbres. Tu es un marteau et une armure que Dieu exerce contre ses ennemis. C'est un problème très sérieux. Tu es supposé être extrêmement acide à l'égard des forces des ténèbres. Dieu t'a donné l'une des plus terrifiantes descriptions dans la Bible: Le marteau et les armures de guerre. Une personnalité qui est une incarnation des armures a aussi beaucoup d'instruments dangereux à sa disposition qu'il peut utiliser pour déloger les ennemis. Tu es appelé une armure par Dieu.

Il y a encore un autre passage très important dans les Ephésiens chapitre six, verset dix-huit. C'est une chose à la fois intéressante et étrange.

Eph. 6 : 18 : *"Faites en tout temps part l'Esprit toutes sortes de prières et de supplications. Veillez à cela avec une entière persévérance, et priez pour tous les saints".*

"Faire en tout temps par L'Esprit toutes sortes de prières et de supplications." C'est une remontrance (avertissement) sérieuse. C'est un appel à une mission qui n'a pas une frontière. C'est un défi à explorer tous les fronts des prière sans laisser aucune pierre non renversée.

Les croyants sont interpellés dans toute chose appelée "prière". Le Chrétien combattant doit s'exercer lui-même dans toutes les aptitudes de prières.

Le verset suggère plus haut qu'il y a différentes sortes de prières. Faire toutes sortes de prières produit les armures de prières. Quand la prière est exercée dangereusement comme les armes de guerre, elles se forment naturellement en stratégies pour gagner n'importe quelle bataille.

Toute bataille a une stratégie pour remporter la victoire.

Un état de confusion n'arrive que quand une personne s'engage dans les nombreuses batailles, dix, six, quatre différentes sortes de batailles. Quand les batailles sont entremêlées, le cas devient sérieux. Si le concerné ne trouve pas un bon conseil d'un ministre spirituel ou ne connaît même pas comment prier, Il ne comprendra pas qu'il s'est engagé dans des batailles qui sont entremêlées. Dans ce cas, il fera des prières hasard. La sagesse est d'identifier et de séparer les batailles, de les traiter (combattre) de façon appropriée.

Il est rare de trouver une bataille spirituelle qui existe de manière isolée. Les batailles sont souvent entremêlées.

C'est une bonne stratégie de les séparer et de les traiter une par une. Si quelqu'un tombe par exemple d'un véhicule en déplacement, et se casse les jambes, il serait mauvais pour lui de prier juste pour la guérison de ses jambes blessées sans comprendre ce qui était responsable de son accident.

Une chose conduit à une autre. Sa chute est un processus qui a commencé quelque part.

Ses prières pouvaient alors aller au-delà de la guérison de ses jambes cassées vers les forces responsables de sa chute. C'est parce que chaque bataille a sa propre stratégie pour la victoire que toute bonne armée a aussi un étalage des armes.

La science a révolutionné les stratégies pour gagner dans les batailles modernes.

Il y a maintenant des lames de verre qu'on peut placer dans le noir et toutes choses dans les parages seront claires et visibles comme s'il n'y avait plus d'obscurité. Un soldat mettant ce verre verra l'ennemi, mais ce dernier ne le verra point. Toute arme dans l'armement des soldats est faite pour différentes batailles.

Par exemple, il y a les batailles que seule l'Infanterie peut faire. Il y a d'autre où les véhicules blindés sont utilisés. Les autres demandent l'utilisation des missiles à longue portée.

Quelques batailles sont gagnées en utilisant les mortiers, les lance-roquettes, etc.

Quand tu vas au camp de la force navale, tu verras les différentes armes. Celles-ci sont désignées spécialement à convenir aux batailles marines.

Il y a des batailles qui ne peuvent qu'être combattues par la force aérienne. Si les soldats du monde sont très intelligents pour faire les batailles, combien à plus forte raison les soldats de L'Eternel · qui combattent les ennemis invisibles.

LE CHOIX DES ARMES POUR LES BATAILLES

Beaucoup de facteurs sont mis en compte pour le choix des armes pour une bataille donnée.

La Géographie du Territoire: L'emplacement exact et le terrain des batailles sont très importants aux soldats. Une bonne connaissance de ces choses leur permettra de mettre en œuvre les stratégies pour progresser dans la bataille.

L'arme nécessaire pour gagner une bataille dans un territoire marécageux n'est pas la même pour gagner une bataille dans un territoire montagneux.

La force et la faiblesse de l'adversaire: connaître les domaines forts et les domaines faibles des adversaires sont important pour une armée conquérante. On pèsera ainsi sa force contre celle des adversaires afin d'insister sur leurs faiblesses pour les frapper.

La localisation géographique de ton milieu socioculturel:
Ceci déterminera les sortes de prières que tu vas faire et les stratégies à utiliser.

La bataille qui te vient d'un territoire riverain est différente de celle qui confronte les autres dans le territoire continental.

Quand tu changes un territoire à un autre, tu dois changer aussi les stratégies pour gagner tes batailles.

Les forces territoriales se diffèrent en force, aussi bien qu'en organisations et en opérations d'un territoire à un autre.

La préparation et l'entraînement applicables au combat de jungle peuvent ne pas être applicables sur d'autres territoires.

La guerre Vietnamienne était la plus grande des tragédies dans l'histoire où les soldats Américains échouèrent.

Ils avaient une mauvaise conception au sujet de cette guerre là, ils y arrivèrent avec leurs réservoirs et leurs soldats.

Ils s'attendaient à un affrontement de face à face, mais les soldats vietnamiens se cachèrent eux-mêmes sur les arbres et dans les eaux. Ils émergeaient pour frapper et disparaître. Ils ont maîtrisé le terrain de l'eau comme les Ijaws au Nigeria. L'Amérique quitta cette guerre d'eux-même. Les stratégies pour gagner la guerre étaient différentes de celles qu'ils avaient conçues. Il se passe de la même manière dans le combat spirituel.

Chaque bataille a ses propres stratégies applicables.

Tout simplement dire ou réciter les prières n'est pas tout ce qu'il faut dans les combats spirituels. Les leçons spirituelles sont apprises dans les choses naturelles et physiques. M.F.M est connue pour les prières selon l'Ecriture qui dit "Ma maison (de Dieu) sera appelée la maison de prières pour tous les peuples". Beaucoup d'Eglises se réveillent maintenant à l'appel de la prière. Nous qui sommes déjà connues pour la prière, nous devons faire plus.

J'étais surpris un jour de rencontrer deux vieux, les hommes aux cheveux gris qui sont venus me chercher dans l 'Eglise. Leur requête était simple. Ils m'ont demandé de juste tenir un service de délivrance pour eux. Je leur ai demandé le nom de leur Eglise et ils m'ont étonné en mentionnant une Eglise, une large cathédrale Orthodoxe où personne ne pouvait jamais penser qu'il serait possible d'apprécier un service de délivrance.

Il y a un besoin d'intensifier l'effort en augmentant le tempo de feux spirituels plutôt que de lâcher.

LES DIFFERENTES SORTES DE PRIERESPOUR LES DIFFERENTES BATAILLES

Dans le domaine de prière, il y a différentes sortes de prières. Tes prières peuvent être comme différentes sortes d'armes dans tes mains.

Il y a au moins une centaine sorte de prières qui peuvent être employées stratégiquement pour gagner les différentes batailles spirituelles.

J'espère de te les donner tous dans ce petit volume.

1Prière de d'affrontation: Il s'agit de prière qui te fait courir vers ton adversaire en affrontement. C'est comme le cas de David qui poursuivit Goliath avec un lance-pierre et cinq pierres.

Dans une prière d'affrontement, tu n'attends pas l'ennemi pour t'attaquer d'abord, mais toi, tu avances audacieusement contre lui, le combattant juste dans son territoire ou dans ses portes.

2Prière d'action de grâce: Dieu est la personnalité centrale dans ce genre de prière : Tu apprécies Dieu pour toute Sa bonté, Sa gentillesse, Ses grâces, etc., dont tu avais jouit, dont tu jouis maintenant et dont tu jouiras plus tard.

3Prière d'adoration: Un autre nom d'adoration est le culte. Chanter, la musique et les mélodies sont plus concernées dans ce genre. Ton Esprit et ton âme glorifient Dieu et ta langue chante sa dignité.

Cette prière a été utilisée pour ouvrir les portes qui ne pouvaient pas s'ouvrir par autres genres de prières.

4Prière pour lier: C'est un genre de prière très agressive. C'est comme prendre une grosse chaîne dans tes mains pour lier ton ennemi. Quand tu lies un ennemi, tu suspends, tu empêches ou tu arrêtes ses activités et ses opérations complètement.'

5Prière pour délier: Délier est l'opposé de lier. Il y a des choses qui sont liées par les forces méchantes. La prière pour délier est employée à délier, enlever les cordes et les chaînes sur de telles choses.

6Prière d'agrément : Il y a des batailles qui ne peuvent jamais être combattues et gagnées tout seul. Tu as besoin de consentement et de la foi d'un autre croyant ou un soldat associé pour gagner de telles batailles.

Un point est soulevé et un croyant de la même foi, même esprit s'accorde avec toi pour résoudre le problème à partir du ciel. Les mains peuvent se joindre ou non dans une prière de consentement.

7Prière d'intercession: Dans ce genre de prière, l'égocentrisme est complètement abandonné pour la cause et les besoins des autres. Tu t'approches du trône de la grâce au compte d'une autre personne. Tu es avec Dieu pour discuter les problèmes d'une autre personne. Cet acte est alors appelé "Prière d'intercession": Tu te tiens sur la brèche pour l'autre.

8Prière de Louanges: Cela est plus commun dans beaucoup de cultes de nos jours. Aucune requête n'est faite à Dieu mais Sa grandeur, Son omnipotence, Ses attributs sont exaltés dans les voix des louanges. Cette sorte de prière a pu gagner des grandes victoires là où d'autres armes de guerre ne pouvaient pas l'emporter.

9Prière de pétition: Autrement appelée prière de Requête: Ici tu as quelque chose que tu attends de Dieu en pressant dûr dans la prière pour tes requêtes.

15

10Prière de Repentance: Cela est le commencement de la prière d'un pécheur. Quand quelqu'un se détourne de ses iniquités pour embrasser Dieu et Ses voies et Ses grâces, il fait la prière de repéntance.

Quand un croyant offense Dieu, il peut aussi faire la prière déjà mentionnée pour rendre ses chemins droits devant Dieu.

11Prière du Pardon: C'est quand tu demandes à Dieu de te pardonner tes erreurs et tes entêtements. Tu veux que Dieu efface tes dettes contre lui. C'est le moment de prier, en demandant le pardon.

12Prière de Défense: Avec cette prière tu barricades ta vie contre les attaques des ennemis. C'est comme construire un mur impénétrable autour de toi même.

13Prière de Rejet: Dans cette prière, tu te tiens contre ce que tu ne veux pas. Tu ne lui permets pas de t'approcher. Même quand il est vrai et réel, tu peux le rejeter, n'importe quoi que ce soit.

Un frère a bu par erreur de l'acide au lieu de l'eau. Et quand il tomba dans le danger de son erreur, il répond et dit, "Non, je le rejette. Je n'ai pas bu un acide. J'ai plutôt bu de l'eau. Je rejette le fait que j'aie bu un acide". Cela le sauva

Plus tu pries, plus tu découvres. Plus tu découvres, plus objectif tu deviens. Plus tu as la direction, plus tu as le succès. Plus tu as le succès, le plus vite ta destinée va de l'avant.

14Prière d'Annulation: Cette prière est utilisée pour annuler les choses dont on ne veut plus. Tu peux l'utiliser pour annuler le conseil de l'ennemi.

Tu peux l'utiliser pour annuler tout registre ou tous les documents maléfiques qui sont écrits contre toi.

15Prière de Déracinement : En conformité avec la parole de Dieu qui dit : "Tout arbre que le Père n'a pas planté sera déraciné, la prière pour déraciner est utilisée afin d'accomplir cela. La plantation maléfique, la fondation de la maladie, etc. peuvent être déracinées par ce genre de prière.

16Prière pour Retourner à L'Envoyeur: Comme le thème suggère, ceci est la prière qui renverse (retourne) les flèches maléfiques, les calamités, etc., aux envoyeurs. Quand cette prière est faite, toutes les choses importées dans la vie de croyant retournent aux exportateurs.

17Prière de "Feu pour Feu": Ceci signifie que: quand l'ennemi vomit du feu, toi aussi tu réponds avec le feu. La différence est que ton propre feu avale le feu des ennemis.

18Prière des Publicités: Contrairement aux publicités séculaires, ceci est la prière pour publier la puissance de Dieu. C'est le genre de prière qu'Elie a fait sur le mont carmel, pour publier la puissance de Dieu.

19Prière pour Déplacer les Montagnes: La Bible dit :"Quiconque dira à cette montagne, enlève-toi de là et jette-toi dans la mer et ne doutera point, ceci se fera". Cela simplifie les prières qui peuvent déplacer tes montagnes.

Quand tu dois prier pour dessécher un arbre maléfique, tu ne pries pas pour le déplacer comme une montagne. Il y a différentes sortes de prières selon les situations spécifiques.

20Prière pour Relâcher les Armes de Guerre: Il y a beaucoup d'armes de guerre dans le ciel. Il y a une prière à faire pour les relâcher contre les ennemis.

Il y avait un exemple dans la Bible qui dit que Dieu fait pleuvoir des grêlons venant du ciel pour détruire les ennemis de son peuple. Il y a beaucoup plus d'armes de ce genre avec Dieu.

21Prière pour Relâcher Le Jugement de Dieu: Ceci est la prière qui fait rassembler le nuage de jugement de Dieu et pour le faire pleuvoir sur les ennemis.

Le jugement de Dieu peut être accéléré et relâché du haut en faisant des prières de ce genre.

22Prière de Demande: "Demande" a des catégories différentes. *"Demandez et vous recevrez"* est un menu de prière complet en soi-même. Il y a des choses qu'on obtient qu'en demandant.
Jacques dit: *"Vous n'avez pas parce que vous ne demandez pas".*

23 *Prière pour Frapper à la porte:* Quand Dieu semble réticent à faire une chose particulière, une voie efficace pour prier et d'attirer Son attention, c'est de frapper à la porte. Cette prière sonne au ciel comme un coup dur sur la porte de la présence et des bénédictions de Dieu. "Frappez et on ouvrira pour vous."

24 *Prière de Renseignement :* Quand tu vas à Dieu pour demander son consentement sur un point, tu es alors engagé dans la prière de demande de renseignements.
Une âme qui cherche à connaître ce que Dieu dit au sujet d'une chose, d'une personne, etc., doit faire une prière de demande de renseignements. David se renseigna auprès de L'Eternel oui ou non;. Aller à la bataille

Cela est le genre de prière dont on parle ici.

25 *Les Prières prophétiques :* Ceci est le genre de prière qui prédit l'avenir. Elle gagne avant la guerre. David a dit à Goliath: "En ce jour, tu tomberas et je te couperai la tête". Cela était prophétique. Cela s'est accompli :

Cette prière prédétermine l'issue de ce qui est désiré. C'est aussi le genre de prière faite par Elisée, quand il assainit la source d'une rivière avec du sel.

26 *Prière Apostolique:* L'autorité et l'onction d'un apôtre sont mises en jeu dans ce genre de prière.

Les prières apostoliques produisent les résultats apostoliques. Cette prière est faite avec le pouvoir et la souveraineté d'un ambassadeur.

27Prière de Sanctification: La purification d'une personne ou d'une chose pour un usage saint est faite par la prière de sanctification.

Cette prière rend saint et elle met à part pour l'utilisation divine.

28Prière de Désinfection: C'est parallèle à la précédente, mais encore un peu différente de la prière de sanctification.

La prière pour désinfecter est un désinfectant spirituel. Cela tue les organismes spirituels nocifs et neutralise les effets de toute chose malsaine au bien-être spirituel d'un enfant de Dieu.

Un enfant de Dieu qui est logé dans un hôtel, doit être assez sage pour fair cette prière dans sa chambre d'hôtel, sur son lit et dans la salle de bain, et d'oindre l'appartement contre les conséquences de ceux qui l'ont utilisé précédemment ou récemment.

29Priere pour la Destruction : C'est une prière autoritaire qui a pour objectif de causer des ravages (dégâts) sur l'ennemi et son royaume.

Les destructions spirituelles sont causées par ce genre de prière.

30Prière de Résurrection: Cela ramène à la vie ce qui est déjà mort. Un exemple est dans le livre d'Ezéchiel chapitre trente-sept : "L'histoire de la vallée des ossements desséchés".

Cette prière active la puissance de résurrection pour ramener à la vie ce qui était mort.

31Prière de Consécration et de Dédicace: Ce type de prière est plus commune dans l'Ancien Testament. Les personnes et les choses étaient consacrées à Dieu, par cette prière de consécration et de dédicace.

Quand une personne ou une chose se met sous le pouvoir de cette prière, c'est seulement Dieu qui a le droit exclusif de toucher ou d'utiliser la personne ou la chose là. Toute utilisation contraire ne provoquera que la colère de Dieu.

32Prière qui Ouvre les Cieux: La puissance de cette prière pénètre les cieux et ouvre les portes et les écluses du ciel. Quand les cieux sont ouverts à travers cette prière, on expérimente alors les percées, car les réponses à ces prières viennent en grande vitesse et les bénédictions du ciel sont versées rapidement.

33Prière Agressive: Jacob connaît le secret de cette prière. Il dit au visiteur céleste " à moins que tu me bénisses, je ne te laisserai point partir." Il était complètement résolu, audacieux et agressif. La prière agressive est une prière de "va et prend". Elle n'accepte pas le non. Bien qu'il souffrit du déhanchement, Jacob tint l'ange de Dieu jusqu'à ce qu'il obtint de lui sa bénédiction. Ceci est le genre de prière qu'on fait pour ne pas laisser partir son ange de bénédiction.

34Prière de Gémissement: Souvent les fardeaux lourds qui rendent les paroles inefficaces conduisent au gémissement dans la prière. Les paroles sont remplacées par le son agonisant profond. Ce genre de prière vers Dieu a eu cours dans beaucoup de cas dans la Bible.

Les gémissements rendent l'esprit comme s'il allait s'éclater par des désirs urgents et pressants présentés à Dieu.

35Prière de Douleur: Cette prière fait sortir beaucoup de peines, de douleurs et d'afflictions. C'est comme une femme au point de mettre au monde, qui dit ses requêtes à son mari. Les peines d'accouchement dans lesquelles elle s'exprime, pousseront son mari à faire tout son possible pour accéder à ses demandes. Dieu est touché par le sentiment de nos douleurs, peines et agonies, etc., quand de telles expériences se mélangent à nos prières devant lui.

36Prière Acide: La prière de Psalmiste en Psaumes 109 est un exemple. Les paroles de cette prière sont comme l'acide versé sur les feuilles vertes.

C'est une prière très mortelle contre le bien-être des ennemis. Dans le texte mentionné au-dessus, tu trouveras les paroles terrifiantes comme : "Que personne n'ait pitié de lui... que ses enfants deviennent orphelins, ... que ces descendants soient exterminés ... Il aimait la malédiction : qu'elle tombe sur luil"

Tout adversaire qui est la cible de ce genre de prière, est déjà achevé.

37Prière pour Prononcer la malédiction de Dieu: Un enfant de Dieu peut prier en prononçant la malédiction de Dieu. Il n'est pas entrain de maudire, mais il invoque les puissances des malédictions divines sur les ennemis quand et là où le besoin se présente.

Jésus regarda le figuier et prononça une malédiction sur lui. Je suis au courrant d'un grand homme de Dieu à qui on avait interdit de tenir une croisade dans un endroit de ce pays (Nigeria) et il quitta l'endroit en secouant la poussière de ses chaussures. Cette action a une implication terrible pour cet endroit là. Jésus a dit qu'une telle nation aura plus du mal que Sodome et Gomorrhe au jour du jugement.

Tu peux prononcer la malédiction de Dieu sur le cancer ou sur toute chose non profitable grandissant dans ta vie.

38Prières sans Parole: Ce genre de prière avait été fait par Anne. Seulement ses lèvres se remuèrent, aucune parole ne sortit de sa bouche. C'était interprété comme un acte d'ivrognerie. Cela était la prière qui mit fin à son opprobre et lui donna un prophète et d'autres enfants encore.

39Prière en marchant: Un territoire est entouré et les prières sont faites de la même manière, comme les enfants d'Israël qui contournèrent les murs de Jéricho. Tu es entrain de marcher et tu pries. C'est le genre de prière à faire pour réclamer une place ou un territoire pour son héritage. Il est écris,"Tout lieu que foulera la plante de votre pied, je vous le donne.".

40Prière - *Surveillance:* Pour faire ce genre de prière, les vingt-quatre heures dans un jour sont divisées en segments de temps à observer. Il peut être un intervalle d une heure de temps chacune et la prière se fera toute la journée. Smith Wigglesworth, bien connu comme un Apôtre de la guérison, était connu pour ces genres de prières. C'était à intervalle de trente minutes de temps qu'il observait ses prières.

41Prière *de Supplication:* C'est une prière pour implorer Dieu. Il n'y a pas d'ordre ni agression ici. Tu as besoin de quelque chose de la part de Dieu, raison pour laquelle tu l'implores. Ton accent est léger et plein d'excuses.

42Prière *de Foi:* Cette prière exprime la confiance en Dieu et en Sa parole. On le fait, et on croit immédiatement qu'elle accomplit son intention. C'est la prière de foi. Priez et croyez.

43Prière *d'Adoration:* Cette prière appartient à la large famille d'adoration, d'action de grâce et de louange. Elle est n'importe comment différente d'une manière qui la distingue des autres types dans cette famille.

Cette prière apporte un haut niveau de solennité et de révérence.

44Prière *de Méditation:* C'est comme la prière sans parole d'Anne, mais la différence ici est que les lèvres ne bougent pas du tout. Cela se passe dans le cœur ou dans l'esprit. Tu penses très profondément à Dieu ou à quelque chose dont tu as besoin ou que tu attends de Lui et tu Lui parles seulement par la bouche de ton esprit.

45Prière Mentale: C'est la prière faite dans la tête, quand le cœur est troublé. Le pouvoir mental devient un instrument de communication avec Dieu. Elle est une prière mentale.

46Prière du Cœur: Comme un puit d'eau, cette prière sort de l'intérieur du cœur. Elle est profonde, elle n'est pas superficielle.

Cela provient de la plus profonde chambre du cœur.

47Prière de Marcher-Parler(Walkie-Talkie): Elle est faite dans une situation de désespoir quand une réponse rapide est attendue de la part de Dieu en face d'un danger qui ne laisse pas d'espace pour un climat calme de prière. C'est comme appeler au secours avec le mécanisme de marcher-parler, tu répands désespérément et naturellement ton cœur devant Dieu pour une aide urgente.

48Prière Dans L'esprit: Toutes les langues connues et apprises sont mises à part par cette prière. L'esprit prend le relais et introduit Sa propre langue de communication à travers le croyant qui parle avec Dieu. C'est autrement connu comme prier en langue. Probablement, Paul à plus prier en langue que tout chrétien connu de son époque. "Je parle en langue plus que vous tous" a-t-Il dit, aux croyants Corinthiens.

49Prière avec Intelligence: C'est le contraire de prier en esprit. Tu choisis soigneusement tes paroles et tu parles à Dieu dans n'importe quelle langue des hommes. Quand tu le fais, tu pries alors avec intelligence.

50Prière Spontanée: Cette prière coule sans la préméditation ou le plan. Cela se fait automatiquement de son propre gré. Quand l'aveugle Barthimé entendit parler de Jésus de Nazareth qui passait, sans une répétition au préalable, il commença à crier spontanément, "Jésus, Fils de David, prends pitié de moi". C'est la prière spontanée.

51Prière Programmée: Par contraste avec la prière spontanée, mais aussi une stratégie très efficace pour gagner les batailles, c'est une prière bien planifiée. Les points de prière et les sujets sont bien établis. Ils se suivent en conséquence. Tu peux avoir les sujets de prière de lundi différents de ceux de mardi durant la semaine. Même dans un jour, tu peux planifier ou programmer tes sujets de prière et les suivre soigneusement. C'est une stratégie pour gagner les batailles spirituelles.

52Prière Explosive: Je donne un exemple d'une expérience à Port-Harcourt! J'y étais invité à un programme international. En donnant le premier point de prière, la foule commença à prier avec le grondement de tonnerre dans leurs voix, les policiers s'y précipitèrent pour s'informer de quoi il s'agissait.

Ils pensèrent que c'était une explosion car cet endroit là était considéré comme un milieu silencieux quand bien même les prières y étaient faites. C'est un exemple de prière explosive.

Elle brise et ouvre le couvercle de ton esprit et dans l'environnement comme l'explosion d'une bombe.

53Prière Prolongée: Moïse avec Dieu sur la Montagne, se prosterna en prières qui durèrent quarante jours et quarante nuits, il était engagé dans les prières prolongées.

Il y a des batailles qui ne peuvent pas être gagnées par de courtes prières ou prières de précipitation. Ainsi quand Israël expérimenta la défaite par les mains des hommes d'Aï à cause du péché d'Acan, Josué se prosterna lui-même devant L'Eternel en prières depuis le matin jusqu'au soir avant que L'Eternel ne lui révéla le secret. Cela était la prière prolongée.

54Prière Désespérée: Pierre était dans un désespoir extrême quand il s'enfonça dans l'eau. C'est dans le désespoir qu'il cria : "Seigneur sauve-moi". C'était la prière désespérée.

Tu pries afin que Dieu sache qu'il ne peut plus attendre une seconde avant qu'il n'intervienne en ta faveur.

55Prière de Joie: Tu es heureux et joyeux au sujet de ce qui se passe dans ta vie. Tu exprimes ton grand plaisir et ton appréciation à Dieu. Tu regardes ce que Dieu à pu faire pour toi, tu t'éclates en prières de grande joie.

56Prière Solitaire: Il y a des fois où tu as besoin de la solitude avec Dieu. Il y avait un temps dans la vie de Jésus et de son ministère où il devait aller "Un peu plus loin" de ses disciples intimes et "prier". Cela était la prière solitaire. Elie de même devait quitter tout le monde et se tenir seul avec Dieu sur la montagne. Il y a des secrets que Dieu ne te révélera point à moins que tu sois seul avec le tout-Puissant. Jacob aussi était seul quand il lutta avec l'ange.

57Prière Libre: Cette prière est comme un chèque vide dans lequel tu peux mentionner n'importe quel montant ou chiffre que tu désires.

Il n'y a personne pour orienter la prière. Il n'y a aucun point de prière spécifique à suivre rigoureusement. La prière libre n'est pas limitée par le temps ni par les points. "Ouvre grandement ta bouche et je la remplirai".

58Prière Biblique Enflammée: Le style de cette prière peut s'expliquer dans la sentence de Jésus, "Il est écrit". Tu regardes ta situation et tu trouves une réponse Biblique pour cela. Tu prends alors les Écritures au mot, en invoquant la puissance qui s'y trouve de confronter tes problèmes. Cette prière est appelée la prière enflammée Bibliquement, autrement connue comme prière selon la parole de Dieu.

59Prière Ecrite: Cette méthode est comme préparer une épître à être lue. Tu écris tes prières et tu les lis comme une lettre à Dieu.

60Prière Chantée: Les Psaumes sont les chansons. Regardes les contenus et les messages de beaucoup d'entre eux, tu te rendras compte qu'ils sont des prières. Beaucoup de chansons qui sont chantées dans les cellules d'adoration aujourd'hui sont les prières chantées. Une prière chantée est encore une prière, mais au rythme musical. Comme les prières peuvent être lues, criées, commandées, etc. elles peuvent bien aussi être chantées.

61Prière de pensée: Ce n'est pas seulement l'esprit de l'homme qui est impliqué dans la prière. La pensée aussi est mêlée. Le siège des réflexions est la pensée. Ta pensée peut formuler les réflexions qui sont les prières à Dieu. Avec ta pensée, tu peux penser-prier à Dieu.

62Prière de Lue: Les prières peuvent être écrites et lues. Elles produisent la même efficacité comme toutes les autres prières. Le sermon le plus fameux en Amérique est titré: :"Les pécheurs dans les mains d'un Dieu Colérique", écrit par Jonathan Edwards et était lu sur la chaire.

Une conversion radicale s'en était suivie. Les prières qui sont lues peuvent produire un effet similaire.

63Prière de la Nuit: La nuit est ce que Dieu utilise pour distinguer le jour. Il y a des stratégies à mener pour faire la prière de la nuit à cause de ses caractéristiques particulières et les opérations des puissances de ténèbres dans la nuit.

Les victoires ne seront point expérimentées pendant le jour à moins que les batailles soient gagnées dans la nuit. Luc 18 : 7 : "...Et Dieu ne fera-t-il pas justice à ses élus qui crient à lui jour et nuit, et tardera-t-il à leur égard?"

64 *Prière du Matin:* Le Psalmiste écrivit et dit: "Très tôt je te chercherai, O Seigneur". Il connut le secret de la prière matinale. Avant que les autres heures de la journée ne se déroulent, la prière matinale est l'arme et la stratégie à employer contre les maux associés de la journée.

65 *Prière Circulaire:* C'est une prière distribuée dans les heures spécifiques de la journée ou des jours de la semaine. Elle est en rotation toutes les heures entre deux ou plus de deux personnes. La prière circule de cette manière.

66 *Prière en Chaîne:* Elle est similaire à la prière circulaire. Une chaîne des hommes et des femmes de prière en est concernée. La fin d'une session de prière est le commencement d'une autre. Ainsi, les prières sont prolongées dans une chaîne continuelle jusqu'à ce que la victoire soit obtenue.

67 *Prière Sonore:* Il n'y a pas de silence pour ce genre de prières. Elle est audible et forte. Un avantage pour ce type de prière est qu'elle ne permet pas à la fatigue de voler l'une de ses prières.

Il faut prier à haute voix pour vaincre le sommeil et les pensées vagabondes.

68Prière de Révocation: Quand les décrets et les jugements sataniques sont prononcés contre toi, tu as besoin alors des prières pour les révoquer. Elles sont des prières pour détruire les malédictions, les alliances maléfiques, les décrets négatifs, les jugements sataniques, les incantations, les maux, les envoûtements, etc.

69Prière Silencieuse: Ce n'est pas chaque fois qu'il faut prier à haute voix. La prière silencieuse est aussi une stratégie. Elle a sa propre puissance et sa place. La prière silencieuse est plus utile quand on prie là où il y a l'indisponibilité d'élever la voix.

70Les prières Vernaculaires: Il y a des fardeaux dans le cœur qu'on ne peut exprimer à Dieu qu'avec une langue bien maîtrisée.

Dieu comprend toutes les langues. Tu ne peux pas prier correctement en utilisant la seconde langue.

Mais avec sa langue maternelle, on peut dire tout ce qu'on veut. C'est aussi une stratégie de gagner les combats spirituels.

71Prière de Confession: Ce ne sont pas seulement les péchés qui peuvent être confessés en prières; la foi, les attentes, les désirs et autres peuvent aussi être confessés en prières.

Quelqu'un est malade et après la prière il commence à dire, "Je suis guéri". Il est entrain de confesser sa guérison dans la prière. C'est la prière de confession.

72Prière de Communion: Ce genre de prière vous introduit dans le rapport spirituel avec le tout-puissant. Tu communies avec Dieu dans un lien de prière. C'est la prière de communion.

Cette prière révise ta relation interpersonnelle avec Dieu.

73Prière Fidèle: Il y a des moments où on prie, et rien ne se passe. Ne te laisse pas. Continue de prier fidèlement. Tu t'accoutumes à la prière sans te laisser démonter, tu ne te laisseras pas fléchir sur la fréquence et le tempo de ta prière.

Tu te tiens à cela contre tous maux. Cela est appelé la prière fidèle.

74Prière persistante: C'est une prière qui se fait continuellement. Quel que soit ce qui t'arrive, tu es déterminé à rester avec Dieu malgré Son apparente réticence à te répondre

La veuve dans Luc chapitre dix-huit qui a pu importuner le juge d'agréer sa requête, est un bon exemple de la prière persistante.

75Prière Violente ou Convaincante: Beaucoup d'énergie et de vigueur spirituelle sont plus exigées pour la puissance de ce genre de prière. C'est une prière qui est guidée par la force spirituelle incontestable ; c'est le genre de prière qu'a fait Elie.

76Prière de Protection: Si tu veux la protection de Dieu contre tous les maux, tu dois la faire (prière protectrice). Cette prière ci t'amène directement sous la couverture de Dieu là où tu es au-delà des attaques maléfiques.

77 *Prière de Percée:* Ce genre de prière est faite quand tu es empêché d'atteindre ou d'avoir tes percées.

Cette prière ouvrira les portes fermées, brisera les barrières, écroulera les murs qui se tiennent sur ton chemin de succès.

78 *Prière de Désespoir:* Quand tu es abattu dans l'esprit et tu te trouves toi-même dans une vallée, le genre de prière que tu feras c'est la prière de désespoir. Ton âme demande le secours de Dieu dans ton impuissance.

79 *Prière de Lamentation:* Probablement Jérémie étais le plus grand personnage de la Bible dans l'école de lamentations. Pour obtenir une image claire de ce genre de prière, lis le livre de lamentations, c'est une prière plongée dans la piscine de beaucoup de larmes.

Les larmes de douleur, de calamités etc., mouillent le sentier de cette prière au trône de la grâce.

80 *Prière de Triomphe:* Les prières de Anne dans 1 Samuel chapitre deux et trois sont un classique du genre.

C'était une prière de victoire. Victoire sur ses adversaires, ses moqueries et sa stérilité. Quand Dieu te fait vaincre tes problèmes, tes douleurs, etc. c'est le moment de faire ce genre de prière comme Anne.

81 *Prière de Pénitence:* David a pu faire ce genre de prière quand le prophète Nathan lui fit savoir son péché d'adultère et de meurtre. Il (David) s'humilia dans une repentance profonde et plaida Dieu pour sa miséricorde et sa clémence. Quand tu offenses Dieu, soit le Saint-Esprit te persuade de n'importe qu'elle erreur dans ta vie, la prière de pénitence est la plus efficace dans ce cas.

82Prière de Réformation: Cette prière-ci réforme. Les murs brisés de Jérusalem et rebattis par Néhémie était la réformation.

Il y a des prières à faire pour reparer les dégâts causés par les forces méchantes. Cette prière rebâtira.

83Prière d'Ecoute: La prière n'est pas seulement de parler à Dieu en tout temps. Prie et laisse Dieu aussi te parler en retour. La prière est un système de communication de voie à double sens.

Tu parles à Dieu et ce dernier te parle quand tu es calme devant Lui et tu veilles comme Habacuc à te renseigner sur ce qu'il te dira, tu es entrain de faire la prière d'écoute.

84Prière de Flèche: C'est quand la prière prend l'allure d'une flèche offensive qui est tirée sur la cible. Les différents points de prière que tu dois faire ici sont comme beaucoup de flèches dans le carquois d'un archer. Tu les fais sortir et tu les tireras sur ta cible.

85Prière sans Cesse: Cette prière a un commencement, mais pas de fin. Tu commences à prier, mais tu n'arrêtes pas.

L'aveugle Bartimé criait sans cesse jusqu'à ce que Jésus vint le guérir. Tu frappes à la porte de Dieu et Il n'a de choix que de te répondre.

86Prière pour Quémander: Comme suggère le titre, tu es dans une position de quémander de l'aide, de l'assistance, de la faveur etc. à Dieu.

Tu ne commandes, ne lies ; ne délies. Tu implores simplement Dieu dans toute humilité. Et Dieu s'approche de telles personnes.

87Partenariat dans la Prière: C'est quand vous avez besoin de soutien d'une ou de deux autres personnes dans la prière. Comme les mains de Moïse qui furent soutenues par Aaron et Hur, toi aussi tu as besoin de soutien de partenaires de prière pour tenir tes mains stables.

88Prière Collective: L'envergure concernée dans ce genre de prière est plus grande que celle qu'on peut trouver dans la prière de partenariat.

L'Eglise toute entière peut la faire. Tous les membres d'une cellule de prière peuvent la faire. Elle est collective parce qu'elle concerne tout le monde. Après que les apôtres eussent souffert la persécution, la prière qu'ils ont faite qui a pu agiter la maison où ils étaient. C'est la prière collective.

La prière faite par les femmes pour la libération de Pierre de la prison, était aussi la prière collective.

89Prière de Demande: La prière qui place une demande résolue devant Dieu.

Elle est une prière de demande dans sa procédure et dans son effet.

90 Prière de Commandement: La Bible dit : "Tu décrèteras la chose et elle sera établie".

Tu peux commander dans les prières.

91Prière D'Autorité: Tu opères directement sous une puissance déléguée en faisant ce genre de prière. Tu affirmes ton pouvoir que le Seigneur t'a donné. Jésus a dit: "Voici je vous donne le pouvoir". Tu peux exercer le pouvoir ou l'autorité dans ta prière.

92Prière de Domination: C'est la prière provenant des lèvres d'un champion. C'est le genre de prière qui est faite en esprit d'un vainqueur. Tu exerces ta domination sur toutes choses que Dieu a mises sous tes pieds en Christ. En faisant cette prière, toutes choses sont gardées sous tes pieds.

93Prières Dominantes sacrées: Ce sont les prières qui triomphent. Jacob l'emporta sur Dieu. David l'emporta sur ses ennemis. Jésus l'emporta sur Satan et les cohortes de l'enfer. Tu peux l'emporter en priant les prières dominantes.

94Prière pour Barricader: Tu chasses l'ennemi de ta vie par ces genres de prières. Fais-le sortir de ta famille, tes affaires, ta carrière etc. et fermes la porte derrière lui. Tu élèves le renforcement contre ses avances qu'il reste dehors pour toujours.

95Prière de Combat: Tout soldat spirituel doit être familier avec la prière de combat. Tu fais ce genre de prière quand le ligne de bataille est tracée entre toi et tes adversaires.

96Prière Sacerdotale: Il y a une onction qui va avec l'office d'un prêtre. Tout le monde qui est né de nouveau est un prêtre de Dieu par Christ. Sous l'onction de la sainte prêtrise, tu peux accomplir tant de choses par tes prières. La Bible est pleine d'exemples des prêtres de prière.

97Prière Conjugale: C'est une prière d'agrément essentiellement entre l'homme et la femme. Dieu respecte l'union du mariage. Si tu n'as pas encore exploré les bénéfices de cette prière, commence aujourd'hui.

Tu peux l'appeler autrement l'agrément matrimonial dans la prière.

98Prière de Conversation: C'est un genre de conversation. Elle est de nature d'une discussion. C'est comme entrer dans un dialogue avec le Dieu Tout-Puissant. Elle est très puissante et efficace. Dieu dit à Esaïe: "Viens maintenant qu'on discute ensemble". C'est entrer dans un dialogue. Il veut dialoguer avec toi.

99Prière de Révélation: En faisant ce genre de prière, les cieux s'ouvrent et tu entres dans les visions de Dieu. Les choses profondes et secrètes sont divulguées à travers cette prière de révélation. Tu pries et Dieu te révèle ces choses là.

100Prière Ciblée: C'est une prière qui a un but spécifique et qui marche avec elle, est ta cible dans la prière? Vas-y tout de suite. Tu l'auras au nom de Jésus. Ce que j'ai souligné ici peut être enseigné pendant trois ans. Ils te sont donnés dans un volume.

Regarde un autre passage étrange dans le texte ci-dessous. Rom. 8 : 26 :*De même aussi L'Esprit nous aide dans notre faiblesse, car nous ne savons pas ce qu'il nous convient de demander dans nos prières. Mais L'Esprit lui-même intercède par des soupirs inexprimables.*

Si tu ne connais pas les stratégies pour gagner tes batailles, ta prière passera à côté. Ici, la Bible dit que L'Esprit de Dieu nous aide dans les prières à cause de nos infirmités humaines et nos limitations dans la compréhension.

Il y a deux choses qu'on ne sait pas dans la prière.
- Le 'Quoi' dans la prière.
- Le 'Comment' prier.

Mettant ces deux choses ensembles, tu réaliseras que tu ne sais pas ce qui constituera les points de prière aussi bien que la méthode à adopter en les priant.

Les choses de l'esprit ont besoin de l'assistance de L'Esprit de Dieu. Beaucoup de fois, ce que les gens demandent dans la prière n'est pas souvent le plus important dans les priorités de Dieu pour eux. Ce que tu veux peut ne pas être ce dont tu as besoin. Tu peux prier pour un partenaire de mariage alors que tu as besoin juste de la délivrance de mari ou de femme de nuit. Ce que tu veux n'est pas nécessairement ce dont tu as besoin. Tu peux prier pour la prospérité au lieu de demander à Dieu de fermer les trous de ta poche. C'est la raison pour laquelle beaucoup de livres de prière publiés par cette Eglise sont sérieusement avantageux. Chaque bataille a sa propre stratégie.

LES EXEMPLES BIBLIQUES DES STRATEGIES DE LA BATAILLE

Les personnages de la Bible avaient des stratégies que nous ignorons.

Quand Elie voulut fermer le ciel pour qu'il ne pleuve pas, il doigta le ciel et dit: "Qu'il n'y aura de la pluie si non à ma parole".

Il mit les clés du ciel dans sa poche et il partit. Quand il voulut maintenant ouvrir le même ciel pour qu'il pleuve, il changea sa stratégie. Il mit sa tête entre ses genoux, il était isolé sur une montagne, et là-bas il réussit à ouvrir ce qu'il a pu fermer pendant trois ans et demi.

Si tu penses que ce qu'il a fait était simple, juste essaie cette position- là pendant cinq minutes. Il a maintenu cette position et pria sept fois.

Le même Elie employa une méthode différente pour ressusciter l'enfant d'une femme. Il se coucha sur le garçon, souffla dans ses narines et se leva. Le garçon était ravivé.

CHAQUE BATAILLE A SA PROPRE STRATEGIE

Rom. 8 : 27: *Et celui qui sonde les cœurs connaît quelle est la pensée de L'Esprit, parce que c'est selon Dieu qu'il intercède en faveur des saints.*

Tu peux compter sur l'assistance et l'intercession du Saint-Esprit. C'est cela que le texte d'en haut veut t'enseigner. L'Esprit sonderait les intentions et les besoins les plus profonds de ton cœur et les présenterait à Dieu. Il choisirait alors le sujet et le contenu de ta prière. Il déciderait aussi la méthode que tu adopterais dans tes prières. Il inspirerait, tirerait à l'origine, dirigerait, fortifierait ta prière. Permets à L'Esprit Saint d'accomplir Son ministère de t'aider dans tes infirmités dans les prières.

La prière n'est pas seulement une arme singulière de combat, elle est une armurerie des armes dans une seule arme. Il y a les différentes sortes de prières et différentes sortes d'opérations. Jésus n'a pas appliqué la même méthode quand il guérit les aveugles. Il cracha sur la terre et forma de l'argile à partir de la salive qu'il utilisa pour oindre les yeux de l'aveugle afin qu'il reçoive sa guérison. A une autre occasion Il demanda à un aveugle d'aller se laver dans la rivière. Il parla seulement pour guérir d'autres aveugles. Il y a un autre qu'il conduisit hors de la ville. Il toucha l'homme là deux fois pour qu'il reçoive parfaitement sa guérison. Il confirma la foi de l'aveugle Bartimé et il était guéri. Christ n'avait aucune méthode rigide, désignée pour le même problème. Il variait les méthodes.

Jésus ressuscita Lazare juste en appelant son nom à voie forte, et lui ordonna de sortir. Quand il voulut ressusciter la fille de Jaïrus, Il évacua le cortège funèbre, laissant seulement ses trois disciples et les parents de l'enfant. Il dit seulement : "Tabitha lève-toi" et l'enfant était ravive.

Même neuf parmi ses disciples faisaient partie des gens qui étaient restés dehors pour qu'il accomplisse ce miracle. Il prit la fille par les mains et la souleva. Il accomplit le même miracle d'une manière différente dans le cas de la veuve de Naïn. Il toucha justement le cercueil et l'enfant était ravivé.

Josaphat devrait aller en guerre mais il consulta Dieu, Il lui donna une méthode étrange. Il avait juste besoin d'utiliser le ministère des chantres et la bataille fut gagnée. C'est comme la guerre récente des États-Unis d'Amérique (EUA) en Iraq. Imagine quelqu'un pour suggérer au gouvernement américain de ne pas utiliser les soldats mais de rassembler tous les choristes des E.U.A., les aligner pour chanter au front de la bataille. Etrange cependant, mais cela était la méthode qui a permis à Josaphat de remporter la victoire.

Vous devez prier ardemment Dieu afin de vous révéler la stratégie propre à vous pour gagner vos batailles. La chorale au front et les soldats derrière, Josaphat a pu gagner la bataille. Cette méthode n'était jamais utilisée dans la Bible.

Regardez David dans la Bible. Il avait beaucoup de batailles, mais utilisa différentes méthodes.

Une sœur recevait un gros salaire mais ne savait pas comment l'argent partait. Dieu alors lui donna une stratégie. Après avoir reçu son salaire, elle le mit sur le sol, elle prit un bon couteau et commença à couper les mains maléfiques imaginaires autour de son argent. Elle appliqua le couteau tout autour de l'argent. Quelques heures après, elle reçut le message qu'une main étrange à couper le bras de sa grand-mère au village. Elle ne savait pas, elle a utilisé une stratégie pour gagner la bataille sur ses finances.

Chaque bataille a sa propre stratégie. Quand satan se manifeste comme l'accusateur des frères, l'arme appropriée est : "La parole de notre témoignage et le sang de Jésus". Quand il apparaît comme un lion rugissant, l'arme appropriée est "La sobriété et la vigilance". Quand il apparaît comme une montagne, l'arme appropriée c'est de "Le jeter dans la mer".

Quand satan se manifeste comme quelques arbres non-rentables, l'arme appropriée est de "Les sécher depuis leurs racines". Quand il se manifeste comme le mangeur de la chair et le buveur de sang, l'arme utile est. "Pousser-le à manger sa propre chair et à boire son propre sang".

Quelquefois dans la Bible, Dieu jeta les grêlons. Quelquefois dans la Bible Dieu envoya le tonnerre en opération. Chaque bataille a sa propre stratégie.

QUI RECEVRA LES STRATEGIES?

Le Seigneur veut te montrer (t'enseigner) les stratégies profondes de la bataille, mais tu as besoin de l'humilité comme une qualification majeure. L'orgueil, même dans ton apparence, ton langage, ton regard et ta manière t'empêcheront d'être enseigné par Dieu. A moins que tu grandisses en humilité, tu n'as encore fait aucun progrès significatif. L'Esprit enseigne seulement les doux, les humbles. Il leur révèle les choses profondes du monde invisible. Sa grâce et sa révélation seront cachées aux orgueilleux, aux autosuffisants et aux personnes endurcies.

POINTS DE PRIERES

1. La stratégie divine qui me donnera la victoire permanente, apparais-toi, au nom de Jésus.
2. Mon ennemi caché, sois exposé par le feu, au nom de Jésus.
3. Tout pouvoir qui se cache dans le noir pour me faire du mal, meurs au nom de Jésus.
4. Tout ennemi qui se prétend être mon ami intime, manifeste-toi par le feu, au nom de Jésus.
5. Pouvoir de révélation, descends sur ma vie de prière et sur ma vie de rêve, au nom de Jésus.
6. Tout étranger dans la chambre noire de ma destinée, meurs, au nom de Jésus.
7. Les stratégies pour gagner mes batailles, manifestez-vous par le feu, au nom de Jésus.
8. Saint-Esprit, enseigne-moi la prière qui me fera posséder ma possession, au nom de Jésus.

L'ARME
DU
TRIBUNAL
DE DIEU

S tu es en accord avec les enseignements de la parole de Dieu, tu découvriras que Dieu a des resources illimitées pour aider son peuple. Comme le diable s'avance dans la prolifération de mal, l'Esprit de Dieu aussi est entrain de révéler les nouvelles stratégies pour bien veiller contre lui (diable.)

Toute arme que Dieu pourvoit pour combattre l'ennemi est efficace. Les stratégies divines pour combattre satan et ses acolytes sont dignes de foi. Tout ce que Dieu choisit comme une arme est forte et puissante contre l'ennemi. Il a juste utilisé une pierre parmi les cinq dans la poche de David pour terrasser Goliath. Le mâchoire de l'os de l'âne dans les mains de Samson était devenu puissant contre les Philistins. Le bâton deBerger dans les mains de Moïse était élevé et Josué gagnait la bataille contre les ennemis.

Ce que Dieu est entrain de te révéler ici est simple. Tout ce qu'Il choisit comme une arme peut paraître insignifiante, mais capable de renverser le plus fort de tous les ennemis.

Une arme est un instrument de guerre contre l'ennemi. C'est une chose pour avoir la victoire sur l'adversaire. Toute bataille est facilement gagnée avec une arme qu'avec les mains vides.

Dans l'arme du tribunal de Dieu, le Seigneur te révèle un autre instrument de victoire dans son arsenal illimité. Sois prêt pour commencer à l'utiliser. Comme tu lis ce livre, sois prêt à exercer l'arme et attends les grandes victoires sur tes ennemis.

Dans le royaume des hommes, un tribunal a lieu où les jugements sont prononcés en faveur ou contre les gens. Au moment où le jugement est prononcé contre une personne accusée, immédiatement les agents d'application de la loi descendront sur la personne pour exécuter le jugement.

Il y a un tribunal au ciel où Dieu est Juge. La parabole du juge et de la veuve qu'un enfant de Dieu peut tant invoquer Dieu contre ses adversaires jusqu'à ce que le jugement soit prononcé pour le venger.

Dans le tribunal au ciel, le jugement était prononcé contre Pharaon et il avait fini dans la Mer Rouge. Dieu te donnera le jugement contre tes ennemis, au nom de Jésus. Les ennemis qui sont plus forts pour toi peuvent être amenés dans la salle de jugement de Dieu pour le jugement divin.

1 Rois 22: 19-22: *Et Michée dit: Ecoute donc la parole de L'Eternel! J'ai vu L'Eternel assis sur son trône, et toute l'armée des cieux se tenant auprès de lui, à sa droite et à sa gauche. Et L'Eternel dit: Qui séduira Achab, pour qu'il monte à Ramoth en Galaad et qu'il y périsse? Ils répondirent l'un d'une manière, l'autre d'une autre. Et un esprit vint se présenter devant L'Eternel, et dit : Moi, je le séduirai. L'Eternel lui dit: Comment? Je sortirai, répondit-il, et je serai un esprit de mensonge dans la bouche de tous ses prophètes. L'Eternel dit: tu le séduiras, et tu en viendras à bout. Sors, et fais ainsi!*

Michée a pu voir le trône de Dieu. Il a vu une cour en session dans les lieux célestes. Cet homme était l'un des plus grands prophètes dans la Bible. Il lui a été donné le privilège de voir dans le monde spirituel, où il a vu une cour en session. Il y a des visions de Dieu, que tu reçois pour ne   plus être la même personne. Il y a des révélations de Dieu que tu   reçois, et la victoire devient facile à remporter. Il y a des secrets que Dieu te fait voir pour que tu te moque de la menace de beaucoup d'ennemis.

Michée a pu voir le Seigneur du ciel assis sur le trône. Les armées célestes l'entourèrent, prête à obéir à ses instructions. Tu n'auras rien vu jusqu'à ce que tu voies l'Eternel. Quelques gens se battent seulement pour voir les hommes de Dieu. Ils sont déçus s'ils sont incapables de les voir. Le plus grand effort digne d'être fait est de voir la beauté et la majesté de l'Eternel. Quand tout passera, c'est seulement l'Eternel qui demeurera à perpétuité. Cherche l'Eternel et sa gloire. Cherche l'Eternel et Sa puissance, et Sa majesté. Cherche l'Eternel et la multitude de Ses miséricordes.

Quelques gens sont contents et fiers eux-mêmes d'être dans le calibre des hommes de Dieu qu'ils ont rencontrés. La plus grande rencontre est avec le Seigneur qui nomme les ministres. Comme un pécheur, tu as rencontré beaucoup de pasteurs sans changement dans ta vie. Essaye de rencontrer l'Eternel en Le cherchant de tout ton cœur. Tu ne resteras plus le même.

Jean était un autre homme qui a eu l'un des privilèges les plus rares dans les questions spirituelles. Sur l'Île de Pathmos, on lui a fait voir la fin du monde et les évènements à venir. Ta consécration à l'Eternel sera renouvelée dans les visions de sa gloire.

Michée était choisi par la grâce de voir la session de la cour au ciel. Il était devenu un juriste dans la juridiction de la cour de Dieu. Un cas était présenté devant Dieu, après une brève séance, Dieu a donné Son jugement et Achab, le roi méchant, était condamné à mort en dernier ressort.

Il y a une cour en session te concernant en ce moment. Humilie-toi devant Dieu pour gagner Sa faveur. Ne permets à la décision du ciel d'aller contre ton bien-être. "Car qui peut subsister aux jours de sa colère?"

Achab était dans une guerre qu'il a pensé gagner. Sans savoir que son sort était décidé dans la cour du ciel car le jugement était prononcé contre lui. Dans le champ de bataille, quelqu'un a juste tiré une flèche sans viser quelqu'un de manière précise. Par contre, à cause de la décision du ciel contre lui, la flèche était soigneusement dirigée par les mains invisibles de Dieu pour localiser Achab. La flèche le pénétra et le processus de sa mort a immédiatement commencé.

Tu peux avoir tes plans, tes pensées et tes occupations, l'autorité de la cour céleste est plus importante en ce qui te concerne. Tu devrais être au courant de ce que le ciel des cieux dit à ton sujet. Tu devrais être intéressé par la déclaration de Dieu concernant ta vie. Par exemple, Il a dit : «Dis au méchant, le malheur demeurera avec lui?» C'est assez pour toi de tourner en rond. Il a aussi déclaré que : «Dis au juste, le bonheur est avec lui.» Il y a assez de raisons pour toi de chercher et de conserver la justice de Dieu.

Le problème avec Achab n'était pas réellement la décision de la cour du ciel contre lui, mais son attitude face à cela. Ton attitude face à ce que Dieu dit à ton sujet déterminera ce qui t'arrivera à long terme.

La cour suprême de Dieu Tout-Puissant est réelle. Lis le passage ci-dessous.

Ps. 9 : 5, 8: «*Car tu soutiens mon droit et ma cause, tu sièges sur ton trône en juste juge. L'Eternel règne à jamais. Il a dressé son trône pour le jugement.*»

Les tribunaux des hommes peuvent te priver de justice, tu as le tribunal du Tout-Puissant pour favoriser ton procès. Tu peux porter les procès de tes poursuivants obstinés au tribunal du ciel, l'oppresseur de ta vie peut être traduit en justice au tribunal saint de Dieu Saint.

C'est une arme puissante contre l'ennemi d'amener son procès au tribunal de Dieu. Quànd le jugement est donné en ta faveur, il y a problème dans le camp de tes adversaires. Quand le jugement est prononcé en ta faveur, l'Eternel commence à arranger tous les éléments de la création pour combattre tes ennemis.

Rappelle-toi de l'histoire d'Achab. La flèche qui était tirée volait dans une direction sans cible; mais l'Eternel a re-orienté la flèche pour frapper Achab. Dieu sait comment arranger les choses pour que tes ennemis deviennent les cibles des flèches volantes. Comme tu présentes tes cas à Dieu, Il prononcera seulement le jugement sur eux et les flèches maléfiques commenceront à les localiser.

Regarde le rapport d'Esaïe dans le passage suivant.

Esaïe 41 : 21: *« Plaidez votre cause, Dit l'Eternel; produisez vos moyens de défense, Dit le roi de Jacob »*

Dieu est entrain de te défier pour produire ta requête. Il t'attend pour prendre une action légale divine contre tes ennemis en amenant leurs causes dans sa cour. Fais tes points et soutiens-les avec les arguments forts. C'est cela que l'Eternel te dit parce qu'il veut décider en ta faveur contre tes ennemis. Les différents témoignages dans la Bible montrent qu'il y a une cour dans le ciel. Amène ta cause là-bas et la justice ne te sera pas refusée, au nom de Jésus. (Amen.)

Dans Daniel chapitre sept verset vingt-un, lis davantage au sujet de la réalité de la Cour céleste.

Dan. 7 : 21-22 : *« Je vis cette corne faire la guerre aux saints, et l'emporter sur eux, jusqu'au moment où l'ancien des jours vint donner droit aux saints du Très-Haut, et le temps arriva où les saints furent en possession du royaume.»*

Daniel vit les visions du royaume se lever et tomber. Comme Jean le Bien-aimé, lui aussi vit la fin des temps. La révélation des bêtes étranges qu'il a vues équivalait à des royaumes. Leurs cornes représentent leurs pouvoir et force.

Dans le passage ci-dessus, une certaine corne fit la guerre contre les saints de Dieu et a gagné. Les saints étaient alors sans assistance. Mais quand Dieu a décidé de se lever pour aider son peuple, une fois encore la cause était décidée dans la cour suprême du ciel. Le jugement était donné en faveur des saints leur défaite prit fin.

Les cornes représentent les pouvoirs méchants des ténèbres. Pour une saison, ces pouvoirs prévalaient contre le peuple de Dieu avant que la faveur n'eut délibéré en faveur des saints. Tu aurais pu expérimenter la défaite, les oppressions, et les afflictions de forces méchantes des ténèbres. L'Eternel te donnera le jugement contre eux pour te sauver et tu vivras pour glorifier son nom.

Dans les visions de Daniel, la corne a prévalu contre les saints jusqu'à ce que leur cause soit présentée à la cour céleste. Amène ton cas au tribunal de Jésus Christ, ton avocat. Il plaidera ta cause pour gagner ton procès contre tes ennemis.

Il y a une cour des ténèbres comme il y a aussi une cour du Tout Puissant.

Une cour est une assemblée pour la transaction de problèmes judiciaires. Quand les juges sont assis, une cour est en session. Là où la justice est administrée est appelée une cour.

Les agents sataniques sont capables d'invoquer les esprits de leurs victimes pour les accuser dans les cours sataniques. Quelques gens l'expérimentent dans leurs rêves. Ils se voient eux-mêmes dans la cour satanique. C'est au-delà d'un simple rêve. C'est la réalité actuelle de ce qui se passe dans le monde spirituel.

Beaucoup d'années passées dans l'Université d'Ibadan (Nigeria), un étudiant, un membre méchant d'un culte a donné sa vie à Christ. Il partait dans sa chambre un jour et comme il passait près d'un gros arbre, une main invisible l'attrapa. Il était rapidement transporté plus haut sur l'arbre par la force de la main jusqu'à ce qu'il se trouva lui-même déjà accusé dans une cour sur le sommet de l'arbre. Il était accusé pour cent affaires qu'il a fait avec eux avant sa conversion. Ils lui ont dit que son offense était qu'après avoir fait l'alliance avec eux, après avoir bu le sang et fait toute sorte de fétiche, il devint maintenant un Chrétien.

Cet homme était battu jusqu'à l'agonie. Les forces des ténèbres qui l'ont convoqué, l'ont encore précipité au sol à partir du sommet de l'arbre. Seulement il a découvert qu'il était sur la terre comme un tas d'ordures. Il a été retrouvé inconscient par ceux qui sortaient de la réunion. Le sang des blessures de la cravache avec laquelle il était frappé fut tout autour de son corps. Cet homme était face à la cour des ténèbres. Le diable essaye de copier toute chose qui est divine. Il le fait pour tromper les gens. C'est pourquoi il a sa propre cour là où les jugements sont prononcés contre ses victimes. Le diable contrefait toute chose qu'il a vue au ciel.

Comme le Seigneur est entrain de nous révéler des vérités profondes sur le combat spirituel et la délivrance dans cette église, nous conseillons aux gens de bien prendre au sérieux leurs rêves. Si tu te trouves dans une cour dans tes rêves, ne badine pas avec cela.

J'ai déjà partagé cette expérience une fois en 1994. Un homme a eu un rêve et il se trouva dans une cour. Il a remarqué que le juge qui présidait était sa propre fille de sept ans. Ce juge était entrain de mettre la sentence d'aliénation mentale et de pauvreté sur lui. Avant que le jugement ne puisse être exécuté, l'homme s'écria en rage du désespoir. Il dit au juge:

"Wunmi, Wunmi, Que t'ai-je fait?"

Elle répondit et dit:

«Tu m'as donné la peau du bœuf à manger parce que je suis la plus jeune dans la famille, alors que les autres ont reçu la viande.»

L'homme commença à la supplier, en lui promettant de lui donner plus de viande le plus vite que possible. La fille-juge refusa, qu'il était trop tard. Le prochain jour vint sur lui, une maladie terrible qui a gaspillé tous ses fonds. Il était confronté à la cour satanique.

Les deux plus puissantes cours sur la terre sont la cour de Dieu Tout- Puissant et celle de satan. D'autres cours ne sont pas aussi puissantes. Les jugements établis dans la cour du Tout-Puissant sont capables de renverser toutes les affaires dans la cour satanique.

La cour du ciel a le dernier mot sur n'importe quel problème dans toutes les autres cours. En effet, la seule cour suprême en existence est celle de Dieu Tout-Puissant.

Fais ce point de prière comme tu lis.

Tout pouvoir qui convoque mon esprit dans n'importe quelle cour satanique, meurs, au nom de Jésus."

On t'a fait savoir qu'il y a les cours invisibles dans le monde invisible. J'ai lu dans l'histoire du feu fondateur de l'église Apostolique du Christ (C.A.C), Apôtre Joseph Ayo Babalola, comment il était constamment convoqué à un tribunal pendant plus de cinquante jours consécutifs. Cela continue jusqu'à ce que le jugement soit arrêté contre ses adversaires.

Le tribunal de Dieu Tout-Puissant, est un endroit où les ennemis ne veulent pas aller. Le malheur arrive à l'ennemi qui est traîné dans la cour du Tout-Puissant par les saints de Dieu.

QU'ARRIVE-T-IL A L'ENNEMI AU TRIBUNAL DE DIEU?

Environ vingt choses arriveront à l'ennemi qui est traîné dans la cour du Tout-Puissant.

Ø   Les ennemis deviendront des ennemis entre eux-mêmes.

Ø   Ils se battront et s'opposeront entre eux-mêmes.

Ø   Ils sombreront dans "la mer rouge" comme Pharaon.

Ø   Ils seront détruits par les anges de Dieu comme sancherib.

Ø   Ils recevront les cailloux de feu comme Goliath.

Ø   Leurs voies deviendront sombres et glissantes.

Ø   Ils chercheront de l'aide mais ils n'en trouveront point.

Ø   Leurs flèches méchantes les localiseront.

Ø   Ils seront utilisés pour le remplacement maléfique. Leurs plansmaléfiques tourneront contre eux-mêmes.

Ø   Ils recevront les grêlons divins d'en haut.

Ø Ils souffriront l'enterrement forcé et obligatoire comme Korah, Dathan, et Abiram.

Ø La confusion soudaine engouffrera les ennemis.

Ø Ils seront poursuivis par les bruits terribles comme les Syriens.

Ø Ils seront mangés par les vers comme Hérode.

Ø Ils souffriront le bombardement de malchance et d'infortune.

Ø Ils deviendront les proles des mangeurs de chair et des buveurs de sang.

Ø Ils deviendront les patrons dans la vallée de la défaite.

Ø Ils recevront le certificat d'occupation dans les déserts.

Ø Ils seront complètement détenus par l'esprit de pauvreté.

Ø Ils expérimenteront le malheur et la mort prématurée comme Balaam.

Se sont là les sorts que les ennemis endureront quand tu les traînes dans la cour du Tout-Puissant. Le problème est que certaines personnes ne savent pas comment le faire.

Dieu a le dernier mot dans toute chose qui se rapporte à l'œuvre de la création. Ses jugements sont finaux et irrévocables par n'importe quel ennemi. C'est pourquoi, traîner un ennemi au tribunal de Tout-Puissant est l'une des plus grandes armures à utiliser dans le combat spirituel.

Qu'importe ce que tu es, un temps viendra dans ta vie où tu dois amener ta cause au tribunal du Tout-Puissant, le supplier pour le jugement à ton compte. C'est une bonne chose par conséquent de connaître comment utiliser le tribunal de Dieu

Considère encore un autre passage sur ce problème.

Job 23 :2-5 : "*Maintenant encore ma plainte est une révolte, Mais la scuffrance étouffe mes soupirs.*"

Oh! Si je savais où le trouver, si je pouvais arriver jusqu'à son trône, je plaiderais ma cause devant lui, je remplirais ma bouche d'arguments, Je connaîtrais ce qu'il peut avoir à répondre. Je verrais ce qu'il peut avoir à me dire.»

Quand tout chose semble échouer, amène la cause de l'ennemi au tribunal de Dieu Tout-Puissant. Job était un homme tout à fait mal compris. Il a souffert dans son innocence et dans son intégrité. Ses conseillers sont venus juste pour aggraver ses problèmes.

Job est montré ici comme ayant la connaissance des opérations de la cour céleste. Son discours révéla la connaissance de son sujet. Il s'était préparé à auto équiper avec les arguments pour apparaître devant Dieu. La fin de son histoire montre que Dieu lui a donné le jugement contre satan, et ses trois amis. Il a pu prier pour ses amis, et quand Dieu lui à fait récupérer ce qu'il avait perdu pour lui, il a eu le double de ce qu'il possédant auparavant.

Luc chapitre dix-huit a raconté l'histoire d'une veuve qui a importuné un juge jusqu'à ce qu'elle obtint le jugement contre ses ennemis.

Il y a une cour là où les jugements peuvent être prononcés contre tes ennemis. Le livre des Psaumes est plein de prières et de révélations au sujet de la cour de Dieu Tout-Puissant.

Beaucoup d'années passées, j'ai fait connaître à quelqu'un au sujet de l'usage de cette arme de la cour de Dieu. Il était marié. Selon la tradition de la région de sa femme, il est permis à une jeune fille d'aller avec la nouvelle. Cependant, cette fille était une sorcière. Elle a suivi cette famille du village à Lagos (Nigeria) et elle a pris l'habitude spécialité de sucer le sang de la femme de cet homme. Chaque nuit était devenue une occasion de guerre pour cet homme né de nouveau. Il a décidé de combattre en retour. Chaque minuit, il veillait, liant et déliant avec la parole de Dieu. Il appliquait aussi le sang de Jésus. Cet homme maigrissait à cause de l'insomnie.

Et l'homme et la femme maigrissaient pendant que la fille grossissait. Elle les menaçait même de la retourner au village ou de se préparer pour mourir. Quand j'ai visité cette famille, j'ai conseillé à l'homme de la traîner à la cour de Dieu et de présenter sa plainte comment il l'a prise dans l'innocence pour être un soutien, mais elle devint une autre chose. Cet homme pria en conséquence. Il demanda à Dieu de placer une marque de la haine sur elle pour que ses collègues puissent la confronter dans leur assemblée de sorcières.

Ce qui arrivait après était stupéfiant. Il remarqua que chaque nuit cette fille là pleurait de douleur. Elle devint inconfortable parce qu'elle fut confrontée dans l'assemblée de sorcières. Elles ne voulurent plus la voir. Ainsi elles furent contre elle au point qu'elle devint frustrée et décida de quitter.

Un jour, elle rassembla ses affaires et quitta la famille. Si le couple ne savait pas quoi faire, c'est seulement Dieu qui connaît ce qui pourrait arriver.

LES PRINCIPES A SUIVRE
Il y a des principes à suivre pour aller à la cour de Dieu Tout-Puissant.

Ø Sois Organisé
Personne ne va à la cour d'une manière désorganisée. Tu dois être bien organisé pour apparaître devant une cour. Arrange-toi bien si tu pars chercher le jugement dans la cour de Dieu. Ta vie doit être totalement livrée à Dieu.

Ø Abandonne tes péchés
Si tu vis dans n'importe quel péché, tu ne seras pas entendu dans la cour de Tout-Puissant. Tu n'auras même pas l'accès pour parler à la cour. Tu dois faire face à tout péché dans ta vie pour obtenir le jugement d'en haut.

Ø Purifie ta Vie
Il y a une nécessité que tu fasses une purification entière de ta vie pour que satan ne prenne le dessus sur ta vie.

Une vieille femme vendait du bois de feu. Elle avait sept enfants diplômés qui étaient sans travail. Elle voulut les percées pour sa vie et pour ses enfants. Elle se débrouillait pour les sept enfants diplômés avec le revenu de bois de feu.

Un jour, elle présenta sa cause plus sérieusement et cria à Dieu avec un cri amer. Comme elle priait, un vieil homme habillé en lambeau sortit de son corps. La personnalité lui dit qu'elle était responsable de ses troubles mais qu'elle ne quitterait point à cause d'une marque qui était sur la femme.

La femme regarda son ventre pour voir une grande marque comme un tatouage. Pour la première fois dans la vie de cette femme depuis soixante ans, elle découvrit que le tatouage sur son ventre était un scorpion. Raison pour laquelle cette personnalité ne voulut plus quitter. C'était à cause de cela qu'elle réclamait la vie de la femme.

Si tu veux faire le combat spirituel et gagner, ne prends pas toute chose comme allant de soi.

Avant que cette femme ne cria "Jésus est Seigneur" la personnalité là retourna dans le ventre.

Fais ce point de prière comme tu continues: Toute servitude inconsciente qui amène l'ennemi dans ma vie, meurs, au nom de Jésus.

Je suis sûr que tu aimerais savoir ce qui arriva à la femme à la fin. Nous luis avons donné l'huile d'onction et lui avons dit de laver son ventre avec une éponge, et qu'elle puisse l'oindre avec huile. Elle se réveilla un jour, comme elle faisait l'opération, et elle découvrit que le tatouage avait disparu. Sa mère qui le lui a placé était morte depuis longtemps.

Dans la tradition ancienne, le tatouage, l'usage de port des perles, etc., étaient à la mode. Par ignorance, les jeunes filles universitaires ont rétabli cette tradition qui avait son fondement dans les pratiques fétichistes, sans connaître les implications. Beaucoup de choses que les gens font aujourd'hui au nom de la mode, finissent par les mettre dans la servitude. Le monde est plus terrible que le fait de prendre juste une culture, une tradition, un style de vie ou une mode et faire de cela un modèle d'une vie personnelle sans connaître comment et où ils ont commencé au départ. C'est pour cette raison que beaucoup de gens entrent dans la servitude inconsciente.

Pour s'assurer que satan n'a aucune prise sur toi, purifie ta vie entièrement.

Ø Organise ta requête d'une manière logique

Ne prie pas d'une manière désorganisée. Tu sautes d'une prière à une autre sans rapport dans l'intention d'atteindre le plus grand besoin de ta vie en ce moment. Tu n'auras pas le résultat de cette façon là. Organise tes prières pour atteindre l'objectif jusqu'à ce que tu obtiennes le jugement de Dieu.

Quand tu vagabondes d'un point de prière à un autre, tu es engagé dans une prière vagabonde. Cela t'aiderait si tu organisais tes requêtes logiquement en les écrivant sur une feuille comme un avocat qui part défendre un procès au tribunal.

C'est l'une des raisons pour lesquelles nous avons les livrets des prières à M.F.M pour t'aider d'une manière organisée. Persuade Dieu de ton besoin que tu veux. Produis tes raisons et tes convictions les plus solides. Tiens cela ferme dans ta main et le ciel donnera le jugement en ta faveur.

Ø **Entre dans la cour par le sang de Jésus**
Le Seigneur connaît exactement ce que tu sens. Il est le souverain sacrificateur qui est touché par les sentiments de tes infirmités. Ce que ton plus beau langage ne peut exprimer devant l'Eternel, Il le connaît en tout. Entre dans la cour de Tout-Puissant par le mérite du sang de Jésus pour plaider audacieusement ta cause.

Ø **Demande pour obtenir une réponse**
N'apparais pas juste devant une cour pour accomplir les lois de la terre. Si pour n'importe quelle raison tu apparais devant une cour, tu fais cela pour obtenir la justice de juge. Toutes tes évidences, les raisons solides, et les arguments sont nécessaires pour que tu obtiennes une réponse favorable de la cour.

Quand tu apparais devant la cour du Tout-Puissant par conséquent, demande une réponse concernant ta cause, sachant que tu es là sur le mérite de sang de Jésus.

Ø **Demande l'Assistance du Saint-Esprit**
Tu as besoin de l'assistance de l'Esprit de Dieu pour plaider ta cause très bien devant le Tout-Puissant. Moïse était assisté par l'Esprit de l'Eternel pour plaider contre la rébellion de Korah, Dathan et Abiram. Par conséquent ils furent les premiers êtres humains à descendre dans l'enfer sans mourir.

Elle aussi amena le cas des prophètes de Baal à la cour céleste, et la sentence de mort était prononcée sur eux tous. Avec une main singulière, Elle était responsable du massacre de quatre cen cinquante prophètes de Baal en un jour.

L'arme de la cour de Dieu n'était pas seulement utilisée par les gens de l'Ancien Testament, mais les Apôtres du Seigneur aussi connaissaient bien ce secret. Regarde l'exemple dans le passage suivant.

Actes 4 : 23-32 : ''*Après avoir été relâchés, ils allèrent vers les leurs, et racontèrent tout ce que les principaux sacrificateurs et les anciens leur avaient dit. Lorsqu'ils l'eurent entendu, ils élevèrent à Dieu la voix tous ensemble, et dirent : Seigneur, toi qui as fait le ciel, la terre, la mer, et tout ce qui s'y trouve; c'est toi qui as dit par le Saint-Esprit, par la bouche de notre père, ton serviteur David : Et les princes se sont ligués contre le Seigneur et contre son oint. En effet contre ton Saint Serviteur Jésus, que tu as oint, Hérode et Ponce Pilate se sont ligués dans cette ville avec les nations et avec les peuples d'Israël, pour faire ce que ta main et ton conseil avaient arrêté d'avance. Et maintenant, Seigneur, vois leurs menaces, et donne à tes serviteurs d'annoncer ta parole avec une pleine assurance, en étendant ta main, pour qu'il se fasse des guérisons, des miracles et des prodiges, par le nom de ton saint serviteur Jésus. Quand ils eurent prié, le lieu où ils étaient assemblés trembla ; ils furent tous remplis du Saint-Esprit, et ils annonçaient la parole de Dieu avec assurance. La multitude de ceux qui avaient cru n'était qu'un cœur et qu'une âme. Nul ne disait que ses biens lui appartenaient en propre, mais tout était commun en eux.*

Ceci est un très bel exemple de comment présenter un procès devant Dieu. Les Apôtres introduisirent leurs requêtes en reconnaissant Dieu comme Dieu. "Seigneur, tu es Dieu". Cela était une déclaration provocante. Ils rappelèrent à Dieu qu'il est Dieu. Ils positionnèrent les menaces des hommes contre l'Eternel qui est Dieu. Ils firent cela pour rappeler au Tout-Puissant comment les persécuteurs étaient insignifiants devant lui. Ils firent cela pour rappeler à Dieu qu'il est le Plus Haut. Les Apôtres furent bien organisés en présentant leurs requêtes à Dieu. Ils plaidèrent avec Dieu pour agir vite, en Lui rappelant qu'il est Dieu. Ils présentèrent une liste des adversaires au Tout-Puissant. Sur la liste, tu trouveras les accusés comme Hérode, Ponce Pilate, les païens et les peuples d'Israël. Aie une liste de tes adversaires devant Dieu. Inclus-les comme des individus et comme un groupe tel que les Apôtres le firent.

Après les avoir mis en cause, ils apportèrent la déclaration du procès contre eux à Dieu. Voici leurs menaces. Parle à Dieu exactement de ce que tes ennemis sont entrain de faire dans ta vie.

Dieu a promis de combattre pour son peuple. Il troublera les perturbateurs de son people. Amène ta requête à Dieu. Déclare le combat spirituel sur eux par l'ordonnance de Dieu.

Les Apôtres demandèrent l'intervention divine. Ils ont prié dans la profondeur de leurs cœurs. Ils ont prié avec une attente sainte. Ils ont prié avec une foi ferme qui ne peut pas être niée. Ils savaient ce qui signifie être divinement insatisfait. Ils ont demandé le jugement contre leurs persécuteurs et Dieu exaûça leur requête. L'exemple des Apôtres est très stimulant et édifiant. Assois-toi et prends tes écritoires. Organise ta requête avec les sous-titres bien définis.

Demande-toi toi-même : "Quel est le propos de cette requête ?" Aie une réponse à cela. Cela peut être au sujet de ton mariage, ta carrière, ta santé, ton ministère, etc.

Question numéro deux, demande-toi "Qui sont les ennemis derrière le problème?" Ecris une liste. Ils peuvent êtres les forces anti-mariage, les pouvoirs qui empêchent la carrière, l'onction des esprits de fuite, les sorciers et les sorcières, les agents des ténèbres, etc. La prochaine question que tu dois poser est: "Qu'est-ce que les ennemis font dans ma vie ?" Toute opération des adversaires dans ta vie dans les domaines identifiés doit figurer dans ta liste à ce point. Les Apôtres ont dit : "Voici leurs menaces".

Les tiens peuvent êtres: voici leur persécution, leurs attaques, leur opposition, leurs afflictions, etc.

La dernière question à laquelle tu dois être prêt à répondre est : «Qu'est-ce que je veux que Dieu fasse pour eux?» Quel jugement demandes-tu?

Les Apôtres ont reçu ce qu'ils voulurent. Moïse a reçu ce qu'il voulut contre Korah, Dathan, et Abiram. David a reçu ce qu'il voulut contre ses ennemis. Tu auras ce que tu veux contre tes ennemis, au nom de Jésus (Amen.) Spécifie quel jugement tu veux que Dieu prononce sur eux. Quelque fois, Dieu te donne plus que ta requête, parce qu'il est capable de faire abondamment plus que la demande ou l'imagination.

Après avoir amené tes ennemis à la cour de Dieu, tu dois prier pour que Dieu t'enregistre comme un Avocat dans sa cour. Tu dois prier que tu ais la préférence divine. Tu dois traîner tout ennemi de ton âme à la cour du Tout-Puissant. Tu dois dire à L'Eternel de se venger de tes adversaires.

Dis-lui de convoquer satan dans sa cour. Dis que la cour céleste flamme une ordonnance restrictive sur satan concernant ta cause maintenant. Plaide avec Dieu pour qu'il force satan d'enlever ses mains sur ta vie.

Dis-lui de faire à tes ennemis ce qu'il a fait à Balaam en défendant Israël. Balaam ouvrit sa bouche pour maudire mais plutôt les bénédictions furent sorties de la même bouche.

Traîne quelques pouvoirs dans cette cour afin qu'à n'importe quel moment où ils ouvrent leurs bouches pour te maudire, que les bénédictions en sortent. Il n'y a aucun pouvoir en existence qui peut te vaincre quand tu t'alignes derrière Dieu. La colère des hommes contre toi peut s'intensifier et la malice de satan peut s'élever en température, mais elles ne peuvent jamais tuer une vie protégée par Dieu. Si tu demeures derrière le Dieu terrifiant, tu es au-dessus de toute main maléfique.

A la Mer Rouge, Dieu fit comprendre à Moïse que la cause des Egyptiens était entendue. Le jugement aussi était relâché sur eux. Par la décision de la cour céleste, ils devaient périr dans la Me Rouge. Pharaon, ses chariots et chevaliers se précipitèrent des pentes escarpées dans la Mer Rouge à cause du jugement qui a été décidé contre eux. Tu n'as pas besoin de continuer à crier sur les avances déferlantes de tes Egyptiens. Leur jugement a été décidé. Juste va en avant.

Dieu est au-dessus de tout et tout en tout. Il pouvait arrêter les Egyptiens dans leur poursuite des Israélites. Il pouvait envoyer les essaims d'abeilles contre eux ou placer une embuscade des Anges guerriers pour les faire retourner en Egypte. Il ne fit pas ainsi. Il les a permis de presser fort dans leur zèle à massacrer. Cependant, il a creusé leurs sépulcres devant eux dans la Mer Rouge.

Pourquoi Dieu arrêtera t'll les ennemis qui te poursuivent quand devant eux se trouve leur propre Mer Rouge? Toi, juste avance. Tes poursuivants te poursuivent seulement pour leur ruine (Amen).

Quand Dieu devient Dieu dans ta situation, l'histoire change. Dieu peut utiliser le même instrument de torture dans les mains de tes ennemis pour les détruire.

Achab était un roi terrible dans le territoire d'Israël. Il épousa un extincteur de feu appelé Jézabel. C'était une tragédie de son règne en tant que roi. Jézabel était la mère de la mondanité. Elle était derrière l'esprit de maquillage et toute marque de beauté artificielle. Elle symbolise un pouvoir terrible. En défiance des avertissements de Dieu, Achab alla et épousa dans les territoires interdits. Il prit Jézabel et celle-ci lui amena la ruine de son royaume en retour. Achab fut propulsé par les forces Jézabeliques à tuer Naboth pour hériter son vignoble, un héritage valeureux de ses ancêtres.

La cause d'Achab monta à la cour céleste. Dieu convoqua les armées du ciel à déterminer sa chute. Les différents esprits se sont offerts pour exécuter le devoir. Ils commencèrent à suggérer comment si possible ils le feraient arriver. A la fin, un esprit se tint devant Dieu et dit qu'il deviendrait un esprit menteur dans la bouche des Prophètes d'Achab et ils le persuaderont à monter à Ramoth-Galaad pour périr. Cet esprit était approuvé et sa méthode était acceptée. Si la cour céleste combat un homme et il va chez un prophète il lui dira les mensonges. L'herboriste faussera pour un tel homme. Tel était le cas d'Achab. Unanimement, tous ses prophètes le persuadèrent à aller à la guerre où il trébucha. Le ciel était contre cet homme et il mourut lâchement dans la bataille. La flèche qui était tirée par hasard commença à le chercher par la détermination du jugement divin.

Ne blague pas avec la cour du Tout-Puissant.

Si tu as une cause au tribunal, tout ce que tu dois faire est de la présenter devant Dieu dans la cour céleste. Aussitôt que le jugement est prononcé en ta faveur à partir d'en haut, les juges qui tiennent ta cause sur la terre se soumettront seulement. La décision suprême est prise dans la cour céleste. Prépare ton esprit pour prier maintenant.

LES POINTS DE PRIERE

1. Mon Père! Je viens dans ta cour maintenant, prends ta revanche sur mes adversaires, au nom de Jésus.

2. Mes percées levez-vous et confondez mes ennemis, au no. de Jésus.

3. Toute rivière sombre qui se moque de ma destinée, sois séchée, au nom de Jésus.

4. Toute maison de la honte construite contre moi, sois écrasée, au nom de Jésus.

5. Par le sang de Jésus, j'entre dans la cour du Tout-Puissant, au nom de Jésus.

6. Toi pouvoir derrière mon échec commercial, marital, académique, etc. je te traîne à la cour du Tout-Puissant, au nom de Jésus. (Prends la prière d'en haut et autres une par une)

7. Toi pouvoir derrière mon échec ministériel, je te traîne à la cour du Tout-Puissant. Reçois le jugement de feu, au nom de Jésus.

8. Dans la présence de mes bourreaux, mon Père! Fais-moi justice, au nom de Jésus.

9. Concernant mes finances, O cour céleste, mets un ordre d'ordonnance restrictive sur satan, au nom de Jésus. (satan, reçois un ordre d'ordonnance restrictive, répète ...)

10. Tout tribunal satanique qui a accès à mon placenta, meurs, au nom de Jésus.

11. Tout tribunal satanique qui juge ma vie, meurs, au nom de Jésus.

12. Tout tribunal satanique dans laquelle la méchanceté de la maison m'a introduit, meurs, au nom de Jésus.